Mainova AG (Hg.)
Menschen. Leistung. Energie

Mainova AG (Hg.)

MENSCHEN. LEISTUNG.ENERGIE

Arbeitswelten bei Mainova

mainova
SOCIETÄTS VERLAG

Herausgeber: Mainova AG
Projektleiter: Matthias Börner
Autorin: Sabine Blattert-Hardwiger
Layout & Satz: Julia Desch, Societäts-Verlag
Umschlaggestaltung: Julia Desch, Societäts-Verlag
Umschlagabbildung: Fotogruppe mo·nu·mente
Druck und Verarbeitung: Westermann Druck Zwickau GmbH
Printed in Germany 2015

ISBN 978-3-95542-185-4

Inhalt

Heizkraftwerk West, Frankfurt am Main

DAS UNTERNEHMEN MAINOVA

Die Mainova AG mit Sitz in Frankfurt am Main ist Hessens größter Energieversorger und beliefert mehr als eine Million Menschen mit Strom, Gas, Wärme und Wasser. Das Unternehmen erzielte mit seinen 2.765 Mitarbeitern im Jahr 2014 einen Umsatz von rund zwei Milliarden Euro. Größte Anteilseigner der Mainova sind die Stadtwerke Frankfurt am Main Holding (75,2 %) und die Münchener Thüga (24,5 %). Die übrigen Aktien (0,3 %) befinden sich im Streubesitz. Als regional verankertes Unternehmen bündelt Mainova langjährige Erfahrungen und umfassendes Know-how. Gerade die Mainmetropole ist als Finanzzentrum elementar auf eine sichere Energieversorgung angewiesen. Die Energiezukunft ist für Mainova nachhaltig, effizient und dezentral.

Zu Mainova zählen die 100-prozentigen Tochtergesellschaften: NetzDienste Rhein-Main GmbH, Mainova ServiceDienste GmbH und StraßenBeleuchtung Rhein-Main GmbH.

Für eine sichere Versorgung in der Region und nachhaltigen Klimaschutz sorgt die NetzDienste Rhein-Main (NRM). Sie plant, baut und betreibt die Frankfurter Versorgungsnetze für Strom, Erdgas, Wasser und Wärme. Insgesamt ist das NRM-Netz rund 14.000 Kilometer lang, davon sind mehr als 7.400 Kilometer Stromleitungen. Es umfasst Hoch-, Mittel- und Niederspannungsleitungen sowie Hausanschlussleitungen und die Straßenbeleuchtung.

Die Mainova ServiceDienste (MSD) übernimmt umfangreiche Mess-, Abrechnungs- und Kundenservice-Dienstleistungen – auch für externe Auftraggeber. Im Bereich der Prüfstellen Strom und Gas ist das Tochterunternehmen Dienstleister für zahlreiche Netzbetreiber aus der Rhein-Main-Region. Höchste Kundenzufriedenheit steht dabei an erster Stelle.

Für die Sicherheit auf Frankfurts Straßen sorgt die StraßenBeleuchtung Rhein-Main (SRM). Sie plant, prüft und betreibt im Auftrag der Stadt Frankfurt die gesamte Straßenbeleuchtung. Dazu zählen insgesamt etwa 56.000 Stromleuchten und 6.000 Gasleuchten.

Mainova bietet alle Dienstleistungen aus einer Hand. Sowohl für Privat- als auch für Großkunden. Das Unternehmen ist damit ein wichtiger Akteur der wirtschaftlichen und gesellschaftlichen Entwicklungen der Stadt Frankfurt am Main und der Rhein-Main-Region.

Dr. Constantin H. Alsheimer, Norbert Breidenbach, Lothar Herbst (von links)

GELEITWORT

Des Vorstands

Im vorliegenden Bildband „Menschen. Leistung. Energie“ stellen wir Ihnen 38 Mitarbeiterinnen und Mitarbeiter der Mainova AG und ihrer Tochterunternehmen aus über 30 Berufsfeldern vor. Ihre Porträts geben Einblicke in unser Unternehmen, die sonst der Öffentlichkeit vorenthalten bleiben. Sie verschaffen einen Eindruck davon, welche Anstrengungen alle Beschäftigten bei Mainova unternehmen, um die zuverlässige Strom-, Erdgas-, Wasser- und Wärmeversorgung von über 650.000 Privat- und Geschäftskunden in Frankfurt, in der Region Rhein-Main und darüber hinaus rund um die Uhr sicherzustellen. Die Bilder demonstrieren auf eindrückliche Weise, dass es die Menschen im Unternehmen sind, die diese Leistung erbringen. Sie sind unser wertvollstes Gut und ihnen haben wir es zu verdanken, dass wir uns im zunehmenden Wettbewerb und trotz der Herausforderungen der Energiewende behaupten können.

Mit den tiefgreifenden Veränderungen, die sich durch die Energiewende und die politischen Rahmenbedingungen ergeben, sind auch neue berufliche Herausforderungen verbunden. Dieser breiten Fülle an Aufgaben kommen wir als Energieversorgungsunternehmen nach. Und genau diese Vielfalt wird durch die Abbildungen besonders deutlich. Ob in unseren Werkstätten, im Labor, im Heizkraftwerk West oder in einem unserer Umspannwerke, an vielen Orten bieten sich spannende und neue Perspektiven.

Wir zeigen hier eine Auswahl aus Tausenden von Bildern, die im vergangenen Jahr während des Fotoprojektes „Menschen. Leistung. Energie“ entstanden sind. Die Fotogruppe mo·nu·mente hat unsere Mitarbeiterinnen und Mitarbeiter gekonnt in Szene gesetzt: vom Rohrleger über den Sachbearbeiter über Ingenieure und Techniker bis hin zum Vorsitzenden des Vorstands.

Wir danken vor allem den Mitarbeiterinnen und Mitarbeitern, die sich in diesem Projekt engagiert haben sowie der Fotogruppe mo·nu·mente, die mit viel persönlichem Engagement dazu beigetragen hat, das sympathische Bild der Mainova in der Öffentlichkeit weiter zu festigen.

Dr. Constantin H. Alsheimer
(Vorsitzender des Vorstands)
Norbert Breidenbach
(Vertriebsvorstand)
Lothar Herbst
(Personalvorstand)
www.mainova.de

Betriebsratsvorsitzender Peter Arnold und stellvertretender Vorsitzender Reinhold Falk, hintere Reihe: Hans-Georg Rabe, Thomas Dumke und René Gehringer.

GELEITWORT

Des Betriebsrats

Jeder Einzelne unserer knapp 3.000 Kolleginnen und Kollegen trägt mit seinem persönlichen Einsatz zum Erfolg unseres Unternehmens bei. Und genau das wird durch das Fotoprojekt „Menschen. Leistung. Energie", das unser Personalvorstand Lothar Herbst ins Leben gerufen hat, deutlich. In unserem Bildband zeigen wir einen Ausschnitt dessen, was die Belegschaft der Mainova Tag für Tag leistet: im gewerblich-technischen wie im kaufmännischen Bereich. Eine bunte Mischung aus Monteuren, Energieelektronikern, Handwerkern, Sachbearbeitern und IT-Experten. Die Auswahl, die wir hier getroffen haben, wurde bereits in mehreren Ausstellungen präsentiert – Mainova-intern sowie öffentlich in der Frankfurter Volkshochschule und auf Initiative des Betriebsrates im DGB-Gewerkschaftshaus.

Die Vielfalt der Aufgaben in unserem Unternehmen und die Wertschätzung jedes einzelnen Kollegen werden hier wunderbar deutlich. Bei uns stehen die Menschen im Mittelpunkt. Und genau das wollen wir mit unserem Bildband ausdrücken. Denn es ist das Zusammenspiel aus vielen Kräften, das die Leistung nach außen präsentiert.

Für viele kommen Energie und Wasser ganz selbstverständlich jeden Tag bei uns zuhause an. Wer dahintersteht, ist meist nicht bekannt. Das wollen wir mit diesem Buch ändern. Knapp 80 Bilder geben unserem Unternehmen ein Gesicht. Die Fotogruppe mo·nu·mente hat unsere Kolleginnen und Kollegen an ihren Arbeitsplätzen besucht und zeigt sie in Aktion: ob beim Fräsen, Schweißen oder am Schreibtisch. Sie präsentieren sich stolz, aufgeschlossen und identifizieren sich mit Mainova. Ihr Arbeitsalltag stellt sich so facettenreich dar, wie es auch die dahinterstehenden Menschen sind.

Peter Arnold
(Betriebsratsvorsitzender)

Helmut Plaha, Volker Muth, Klaus Bruns, Wolfgang Cezanne (von links)

VORWORT

Der Fotogruppe mo·nu·mente

Unser vierköpfiges Fotografenteam porträtierte 2014 Beschäftigte der Mainova AG an unterschiedlichen Arbeitsplätzen. Daraus entstand die Ausstellung „Menschen. Leistung. Energie", in der 80 Exponate einer breiten Öffentlichkeit präsentiert wurden.

Mit den Bildern öffnen wir die Augen für die Leistung und das besondere Können der Menschen im Betrieb. Durch den Blick hinter die Fassade wird eine Geschichte in Bildern erzählt, bei der die arbeitenden Menschen die Hauptrolle spielen. Das Mainova-Projekt weckt Interesse für einen modernen Dienstleister mit seiner Vielfalt an qualifizierten Arbeitsmöglichkeiten und die Menschen, die letztendlich für den Erfolg des Unternehmens stehen.

Jemanden zu porträtieren bedeutet, ihn zu beobachten, sich einzumischen, sich zu nähern. Der Beobachtete bleibt dabei nicht unverändert. Die Suche nach dem richtigen Standort, der richtigen Position, der optimalen Perspektive, dem Umfeld, dem typischen Blick führt im besten Fall zu einer Zustandsbeschreibung der Begegnung. Gelingt es, eine Verbindung zwischen dem Fotografen und dem Porträtierten herzustellen, entsteht eine ruhige, konzentrierte, vertrauensvolle Situation. Nur so kann es gelingen, die Person authentisch darzustellen.

„Die Kraft eines Porträts liegt in dem Bruchteil der Sekunde. In dem, was man vom Leben und von der fotografierten Person versteht. Die Augen erzählen viel, der Gesichtsausdruck. Ein Porträt nimmt man nicht alleine auf, der andere schenkt es einem." (Sebastiao Salgado im Film „Salz der Erde" von Wim Wenders)

Die Reihenfolge der Bilder haben wir thematisch gruppiert. Sie beginnen mit den Arbeitsbereichen, die das Kerngeschäft der Mainova ausmachen: die Energieerzeugung und die vielfältigen Dienstleistungen für die Rhein-Main-Region. Daraufhin folgen interne Dienstleister bis hin zum Vorsitzenden des Vorstands, der das Unternehmen nach außen repräsentiert. Am Schluss runden handwerklich-technische Tätigkeiten innerhalb der Mainova und der Betriebssport die Arbeitswelten ab.

Seit 2004 beschäftigen wir uns mit Themen der Industriekultur im Rhein-Main-Gebiet. Die Arbeiten zeigen architektonische Zeugnisse der Industriegeschichte und aktuelle Arbeitsprozesse bestehender Betriebe. Sie wurden in zahlreichen Ausstellungen präsentiert. Zu unserer Fotogruppe mo·nu·mente gehören:

Klaus Bruns
Wolfgang Cezanne
Volker Muth
Helmut Plaha
www.fotogruppe-monumente.de

ROUTE DER INDUSTRIEKULTUR

Peter Schirmbeck

Fotos Wolfgang Cezanne

Die Route der Industriekultur Rhein-Main hat sich die Aufgabe gestellt, der Bevölkerung die Industriebauten der Region, verbunden mit Technik und industrieller Arbeitswelt, in ihrer kulturgeschichtlichen Bedeutung vor Augen zu führen. Hierbei arbeitet sie eng mit der Fotogruppe mo·nu·mente zusammen, die zunächst Bauwerke der Route im Bild festhielt (Abb. 1, 2) und sich im vorliegenden Buch den Menschen in ihrer Arbeitswelt zugewandt hat. Das ist ihnen mit den Mitarbeitern der Mainova AG eindrucksvoll gelungen: Die von der Fotogruppe in Szene gesetzten Porträts zeigen die Vielfalt der Arbeitswelt eines modernen und gleichzeitig traditionell verwurzelten Energieversorgers in der Rhein-Main-Region.

Um die Jahrtausendwende wurde in der öffentlichen Diskussion die fehlende Identität der Region beklagt. Als Leiter eines Industriemuseums störte es mich seit Jahren, dass die bedeutende Industrie mit Firmen von Weltrang im Image der Region kaum noch präsent war. Daher schlug ich im Februar 2000 dem Umlandverband Frankfurt als Beitrag zur Identitätsbildung meine Idee einer Route der Industriekultur

Abb. 1: Casse la Fabrikgebäude, 1913, Frankfurt/M.

Abb. 2: Wasserwerk,1909, Hattersheim

vor, deren Angebote für die Region sich mittlerweile zu einem weiten Spektrum entwickelt haben.

Um im Image der Region, geprägt von Messe, Banken und Dienstleistungen, die Industrie als bedeutenden Wirtschaftsfaktor wieder zu verankern, wurden in einem ersten Arbeitsschritt insgesamt 700 Industriebauten zwischen Aschaffenburg und Bingen zu einer Route zusammengefasst: von Fabriken über Kraftwerke bis hin zu Arbeitersiedlungen und Unternehmervillen. Welchen bedeutenden Schatz an Industriearchitektur die Rhein-Main-Region besitzt, wurde damit schlagartig deutlich. Natürlich bilden auch die Arbeitsverhältnisse der Menschen innerhalb der Produktionsstätten einen Schwerpunkt, denn hier vollzogen sich mit dem Wandel vom Handwerk zur Industrie tiefgreifende Veränderungen, wie sie exemplarisch in Fotografien der Firma Opel ablesbar sind: Anfangs (Abb. 3) prägten noch Stolz und Identität das Bild der Belegschaft – vergleichbar mit dem Selbstbewusstsein der Mainova-Mitarbeiterinnen und Mitarbeiter dieses Buches. Um 1900 (Abb. 4) werden Entfremdung und repetitive industrielle Arbeitsteilung im Mittelpunkt des Bildes erkennbar.

Die Rhein-Main-Route besitzt eine Besonderheit, die ich von Anfang an konzeptionell verankert habe: Unsere Route schaut nicht nur zurück, sondern bezieht Gegenwart und Zukunft der Industrie bewusst mit ein, das macht sie lebendiger. An den jährlichen „Tagen der Industriekultur" im Sommer, können Tausende von Besuchern aktuelle industrielle Produktion in Unternehmen der Region „vor Ort" kennenlernen. Mit ihrem Winter-Programm bietet die Route dann eine vertiefende wissenschaftliche Plattform zur Industriegeschichte einerseits, ebenso jedoch zu einer ökologisch-nachhaltigen industriellen Entwicklung in der Zukunft andererseits. Mehr unter: www.krfrm.de.

Dr. Peter Schirmbeck
(Initiator Route der Industriekultur)

Abb. 3: Opel-Arbeiter, 1876 (Foto: Stadt- und Industriemuseum Rüsselsheim)

Abb. 4: Opel-Arbeiter, 1902 (Foto: Stadt- und Industriemuseum Rüsselsheim)

HAGEN BRENN

Industriemechaniker

Hagen Brenn überprüft und repariert seit 25 Jahren die Turbinen in allen Mainova-Kraftwerken. In Zweier-Teams warten die vier Kollegen aus der Kraftwerkinstandhaltung insgesamt 12 Turbinen mit einer Leistung von fünf bis 125 Megawatt und die dazugehörigen Nebenanlagen. Alle sechs bis acht Jahre tauschen unsere Mitarbeiter außerdem Verschleißteile wie Dichtungen oder Filter aus. Wegen des gestiegenen Einsatzes erneuerbarer Energien, müssen unsere Kraftwerke immer flexibler auf Netzschwankungen reagieren. Daher werden auch die Turbinen immer stärker beansprucht. Das bedeutet für unsere Kollegen: Sie überprüfen die Anlagen öfter, damit es nicht zu Ausfällen kommt. Gibt es dennoch eine Störung, ist Hagen Brenn in kürzester Zeit mit seinen Kollegen vor Ort. Im 24-Stunden-Schichtdienst sichern sie die Energieversorgung aller umliegenden Stadtteile, rund um die Uhr.

THORSTEN HAUPT

Heizer

Das Heizkraftwerk West in der Gutleutstraße 231 versorgt die Stadt Frankfurt mit Strom und Wärme aus der klimaschonenden Kraft-Wärme-Kopplung (KWK). Damit dies reibungslos und sicher funktioniert, überprüfen Thorsten Haupt und seine 12 Kollegen im Schichtdienst rund um die Uhr alle Kessel- und Verbrennungsanlagen. Das HKW West verwendet Gas und Steinkohle zur Energieerzeugung. Über den Main und die Bahnschienen erreichen pro Woche ein Schiff mit 4.000 Tonnen und zwei Züge mit 5.000 Tonnen Kohle unser Kraftwerk. Wenn's ums Befeuern der Anlagen geht, sind Thorsten Haupt und seine Kollegen gefragt. Sie kontrollieren alle dafür notwendigen Anlagen per Rundgang und auf den 20 Bildschirmen in der Leitwarte. Gibt es einen technischen Defekt, reagiert der gelernte Heizer schnell: Entweder behebt er das Problem selbst oder er beauftragt die interne Instandhaltungsabteilung. Das kommt selten vor, denn jedes Jahr überprüfen unsere Kollegen die Anlagenkomponenten umfangreich auf ihre Funktion. Bei Revisionen tauscht Thorsten Haupt Verschleißteile aus und erneuert diese.

Haupt

Gustav Jelen

GUSTAV JELEN UND BJÖRN SCHOLZ

Energieelektroniker

Gustav Jelen und Björn Scholz sind in den Mainova-Kraftwerken für die Stell- und Regeltechnik zuständig. Die beiden prüfen verschiedene Anlagen, wie beispielsweise Kohle-, Gasverbrennungs- und Versorgungsanlagen. Sie sind daher im Heizkraftwerk West, Kraftwerk Niederrad, Müllheizkraftwerk, Heizkraftwerk Messe und Flughafen unterwegs. Sie koordinieren und beauftragen das Freischalten von Anlagen nach einer Störung und prüfen alle Stell- und Regelantriebe, die dafür sorgen, dass unsere Heizkraftwerke einwandfrei laufen. Sind Handwerker, Auszubildende oder Fremdfirmen im Einsatz, koordinieren sie diese und fungieren als erste Ansprechpartner. Fällt in einem Kraftwerk beispielsweise ein Regelantrieb aus, sind die Kollegen schnell vor Ort. Sie untersuchen die Ursache und beheben die Störung. Zusätzlich sind sie bei Revisionen in unseren Kraftwerken im Einsatz: von der Planung bis zur Inbetriebnahme. Auch durch die Arbeit von Björn Scholz und Gustav Jelen laufen unsere Anlagen das ganze Jahr über reibungslos und versorgen alle Frankfurter Stadtteile zuverlässig mit Strom und Fernwärme.

Gustav Jelen

Björn Scholz

FRANK NAGEL

Schaltmeister

Frank Nagel arbeitet in unseren Umspannanlagen mit Spannungen von 230 bis 110.000 Volt. Als Schaltmeister überwacht er hier die Starkstromanlagen und -netze des gesamten Mainova-Verbundes. Dazu zählen sowohl unsere Umspannwerke als auch Gleichrichterwerke der VGF. Zusammen mit seinen sieben Kollegen errichtet er neue Anlagen oder baut diese um. Das ist zum Beispiel der Fall, wenn die Technik veraltet oder fehlerhaft ist. Bevor eine Anlage wieder ans Netz geht, prüft der gelernte Starkstromelektriker äußerst gewissenhaft, ob alle Anlagenteile und Schaltungen einwandfrei funktionieren. Damit sorgt er für eine rundum sichere und unterbrechungsfreie Stromversorgung aller Frankfurter Stadtteile. Das ist besonders im Personennahverkehr der VGF für die Straßen- und U-Bahnen wichtig. Die Arbeit mit Starkstrom birgt immer ein Risiko. Gleichzeitig macht dies seinen Job abwechslungsreich und spannend.

Mitte

MICHAEL STROTHMANN

Zählermonteur

Unser Kollege Michael Strothmann arbeitet seit über 30 Jahren als Zählermonteur bei Mainova ServiceDienste. Damit gehören er und seine sieben Kollegen zu den Visitenkarten unseres Unternehmens. Er übernimmt den turnusmäßigen Austausch von Stromzählern in unserem Netzgebiet und kommt dabei mit vielen unserer Großkunden in Kontakt. Bis zu 7.000 Zähler wechseln die Kollegen jedes Jahr. Dabei muss er stets darauf achten, die strengen gesetzlichen Anforderungen einzuhalten. Hier kommt es auf Genauigkeit an. Auch wenn ein Gerät nicht mehr richtig arbeitet, helfen Michael Strothmann und die anderen Teammitglieder. Zusätzlich ist er im Neubau oder nach aufwändigen Sanierungen vor Ort. Dann setzt er neue Zähler, übernimmt die Endabnahme und kümmert sich um die Verplombung der Messstellen. Bei der Installation von bis zu 10.000 neuen Zählern muss jeder Handgriff stimmen, denn eine falsche Messung kann zu einer falschen Rechnung und somit zu erheblichen finanziellen Nachteilen für den Kunden oder Mainova führen.

TIM KRAWZYK

Elektroanlagenmonteur

Als Elektroanlagenmonteur unserer Tochtergesellschaft NetzDienste Rhein-Main errichtet Tim Krawzyk zusammen mit weiteren zehn Kollegen 10- bis 20.000-Volt-Umspannanlagen. In Zweier-Teams sind sie für 3.500 Anlagen im Stadtgebiet Frankfurt verantwortlich. Im Schnitt dauert die Montage 1,5 Wochen. Bis eine neue Anlage in Betrieb gehen kann, muss der gelernte Elektroinstallateur einige Herausforderungen meistern. Zusammen mit seinen Kollegen transportiert und installiert er den Transformator sowie die Nieder- und Mittelspannungsanlage. Anschließend erfolgen der Innenausbau und die eigentliche Montage. Alle vier Jahre werden die Umspannanlagen auf ihre Funktionen überprüft und gereinigt. Seine Arbeit ist besonders vielseitig, da jede Anlage technische Besonderheiten aufweist und er sich immer wieder neu mit ihnen befasst. Seit seinem Eintritt ins Unternehmen 2008 hat Tim Krawzyk etwa 60 neue Anlagen gebaut.

ALSTOM

IVAN KLASSEN

Ingenieur

Als Ingenieur in der Netzleitwarte der Netzdienste Rhein-Main überwacht und kontrolliert Ivan Klassen komplexe Hoch- und Mittelspannungsnetze in Frankfurt. Täglich koordiniert er geplante Schaltmaßnahmen und gibt Betriebsmittel wie Kabel oder Transformatoren nach einer Störung wieder frei. Mit einem modernen, mehrspartenfähigen Prozessleitsystem steuert und überwacht er zusammen mit seinen 15 Kollegen alle Stromnetze – die Lebensadern einer Großstadt wie Frankfurt.

Störungen gibt's nur selten, denn unsere Kollegen überwachen das Frankfurter Stromnetz im 24-Stunden-Schichtdienst rund um die Uhr. Aber auch im Ernstfall ist das Team der Netzleitstelle bestens vorbereitet. Dann heißt es: schnell handeln. Zunächst beurteilen die Mitarbeiter unserer Netzleitwarte wie schwerwiegend eine Störung ist. Anschließend alarmieren sie alle notwendigen Dienststellen.

IRINA ZIMMERMANN

GIS-Operator

Irina Zimmermann erfasst in der Dokumentation Rohrnetze der NetzDienste Rhein-Main über unser Geoinformationssystem (GIS) alle Daten verlegter Gasleitungen elektronisch. Dazu gehören unter anderem die Leitungslänge und die genaue Lage. Verlegen unsere Rohrleger beispielsweise einen neuen Hausanschluss, skizzieren sie diesen mit allen notwendigen Daten. Anschließend übertragen Irina Zimmermann und ihre elf Kollegen diese Skizzen lagerichtig, inklusive der Maße und Beschriftungen, ins GIS. Wenn es um Hochdruckleitungen geht, pflegt die ausgebildete Vermessungstechnikerin zusätzlich alle Einbauteile und Schweißnähte der Leitungen separat in das elektronische System. Bei ihrer Arbeit geht's vor allem um Genauigkeit. Denn die Planer und Rohrleger verwenden die Informationen aus dem GIS später als Grundlage beispielsweise für neue Hausanschlüsse oder wenn Änderungen oder Reparaturen an einer Gasleitung anstehen.

Mainova
NetzDienste
RheinMain
Ein Unternehmen im Mainova-Verbund

FREDERIK ROKUS

Schaltmeister

Frederik Rokus sichert im Schalt- und Entstördienst geplante Baumaßnahmen im Nieder- und Mittelspannungsbereich, beispielsweise wenn neue Stromkabel verlegt werden. Zusätzlich behebt er insbesondere in Umspannwerken technische Störungen. Im 24-Stunden-Schichtdienst sind er und 21 weitere Kollegen innerhalb Frankfurts im Einsatz. Im Zweier-Team zusammen mit Schaltmonteur Torsten Lottermann kümmert er sich um anfallende Arbeiten. Tritt eine Störung auf, ist schnelles und gründliches Handeln gefragt. Meist beheben sie Störungen innerhalb kürzester Zeit. Auch bei Feuerwehreinsätzen, etwa bei Wohnungsbränden oder nach einem Sturmschaden, sind die Kollegen zur Stelle. Sie wissen nie genau, was sie vor Ort erwartet. Das ist das Spannende an ihrer Tätigkeit.

TORSTEN LOTTERMANN

Schaltmonteur

Als Monteur bereitet Torsten Lottermann die Einsätze des Entstördienstes vor. Früh morgens bekommen unsere Kollegen ihre Aufträge: von Haus- über Baustromanschlüsse bis hin zur Inbetriebnahme neuer Umspannanlagen im 10-KV-Bereich. Bei allen Einsätzen sind immer ein Schaltmonteur und ein Schaltmeister vor Ort. Bevor Torsten Lottermann mit Frederik Rokus zur Baustelle fährt, kümmert er sich ums nötige Equipment. Er sorgt dafür, dass sie alle notwendigen Materialien griffbereit haben. Darüber hinaus fährt er den Entstördienstwagen – notfalls auch mit Blaulicht. Das kommt glücklicherweise nicht allzu oft vor. Insgesamt kümmern sich die Kollegen des Entstördienstes innerhalb Frankfurts um 3.400 Umspannanlagen und 4.400 Kabelverteiler.

NetzDienste
RheinMain

LARS FINKERNAGEL

Ingenieur Energie- und Wärmetechnik

Lars Finkernagel plant Anlagen und Leitungen im Gas-Hochdruck. Das heißt, das Gas strömt mit einem Druck von mehr als einem Bar durch die Leitungen. Er plant sowohl kleinere Kundenanlagen als auch große Biogaseinspeise- oder Power-to-Gas-Anlagen. In diesen Anlagen wird mit Strom aus erneuerbaren Energien durch Elektrolyse von Wasser Wasserstoffgas erzeugt. So können die zeitlichen Schwankungen der erneuerbaren Energien ausgeglichen und gespeichert werden. Bei allen Projekten behält er Kundenwünsche, den Kosten- und Zeitplan sowie technische Anforderungen stets im Blick. Dabei bringt der Ingenieur für Energie- und Wärmetechnik häufig auch eigene Ideen ein. Oft arbeitet er mit anderen Fachabteilungen und externen Firmen zusammen, muss sich abstimmen und austauschen. All das macht seine Arbeit so spannend. Was Lars Finkernagel immer wieder begeistert: Wenn er nach einem geplanten Projekt vor der fertigen und funktionierenden Anlage steht und damit etwas Neues geschaffen hat.

TANJA HAUCH

Chemielaborantin

Als Qualitätsprüferin analysiert Tanja Hauch seit fast 20 Jahren in unserem Labor in der Franziusstraße 48 Gas und Wasser. Sie misst für Mainova und weitere Versorger in der Region die so genannten Odor-Werte in den Netzgebieten. Das heißt, sie prüft, ob genügend künstliche Geruchsstoffe im Gas vorhanden sind. Diese werden dem sonst geruchlosen Gas beigemischt, damit dies jeder bei einer defekten Leitung sofort riecht. Wasser ist das bestkontrollierte Lebensmittel in Deutschland. Auch in unseren Heizzentralen überprüft die gelernte Chemielaborantin das Wasser genauestens. Mit Ihrem pH- und Leitfähigkeitsmessgerät erfasst sie alle Werte akribisch vor Ort. Denn schon leicht verschmutztes Wasser kann bei der einen oder anderen Anlage große Folgen haben. Höchste Genauigkeit und Zuverlässigkeit sind daher das A und O bei ihrer täglichen Arbeit. Zusätzlich ist unsere Mitarbeiterin Mitglied des Betriebsrates, ver.di-Vertrauensleutesprecherin und ver.di-Bezirksvorsitzende für Frankfurt und die Region.

OLGA FABRIZIUS

Bauingenieurin

Olga Fabrizius ist mit ihren 42 Mitarbeitern für den Bau, die Wartung und Instandhaltung im Netzgebiet Frankfurt verantwortlich. Als Sachgebietsleiterin für den Netzbetrieb Gas und Wasser überwacht die 30-Jährige das vorgegebene Budget, teilt Mitarbeiter im Schichtdienst ein und sorgt für Arbeitssicherheit an den Baustellen. Zu ihren Aufgaben zählen auch Koordinationsgespräche, um Arbeits- und Prozessabläufe zu verbessern. Zusätzlich erstellt sie in Zusammenarbeit mit anderen Fachbereichen Investitionspläne und kontrolliert diese. Die junge Ingenieurin geht in ihrem Beruf voll auf. Besonders abwechslungsreich und spannend sind für sie die wechselnden Baumaßnahmen und die damit verbundenen Herausforderungen. Gleichzeitig stellt sie sich immer wieder den technischen Neuerungen. Im Umgang mit ihren Mitarbeitern ist sie verantwortungsbewusst und wertschätzend. Eine Mischung, die ihre Kollegen an ihr mögen. Zum 1. März 2015 ist die Bauingenieurin als Abteilungsleiterin für das Technische Facility-Management in den Kraftwerksbereich bei Mainova gewechselt.

ROBERT SACHA

Rohrleger

Robert Sacha verlegt, repariert und erneuert im Netzbetrieb Gas und Wasser der NetzDienste Rhein-Main Rohrleitungen innerhalb Frankfurts. Als Vorarbeiter prüft er vor einer Baumaßnahme zunächst die Lage vor Ort. Mit einer entsprechenden Beschilderung sichert er die Baustelle ab und schon am nächsten Tag können er und seine beiden Mitarbeiter starten. Die Baumaßnahmen reichen von klassischen Hausanschlüssen bis hin zu aufwändigen Leitungserneuerungen. Insgesamt etwa 90 Rohrleger sind bei unserer Mainova-Tochter beschäftigt. Sie kümmern sich um mehr als 2.000 Kilometer Wasserrohrleitungen, durch die jährlich rund 44 Millionen Kubikmeter Wasser fließen. Das Gasnetz misst eine Länge rund 4.400 Kilometern. Ist eine Leitung defekt, sind unsere Kollegen schnell zur Stelle. Zusätzlich überprüfen sie regelmäßig unsere Leitungen, die eine Lebensdauer bis zu 100 Jahren aufweisen können, und die dazugehörigen Armaturen. Damit sorgen unsere Rohrleger für eine sichere Gas- und Wasserversorgung in Frankfurt und im Umland.

DIRK KLEIN

Rohrleger

Dirk Klein verlegt, repariert und erneuert im Netzbetrieb Gas und Wasser der NetzDienste Rhein-Main Rohrleitungen innerhalb Frankfurts. Insgesamt rund 1.000 Hausanschlüsse verlegen unsere Rohrleger aus der Silo- und der Franziusstraße jährlich. Das gehört zum Tagesgeschäft unserer Kollegen. Los geht's morgens um 6:30 Uhr, nachdem Dirk Klein und seine Kolonne, bestehend aus drei Mitarbeitern, von ihrem Meister den Arbeitsauftrag erhalten haben. Neben Hausanschlüssen kümmern sie sich außerdem um defekte Leitungen. Zusätzlich überprüfen sie regelmäßig die Armaturen aller Gas- und Wasserleitungen.

ADNANE KASMI

Instandhaltungsmonteur

Als Rohrleger hat Adnane Kasmi wie Robert Sacha und Dirk Klein Gas- und Wasserleitungen verlegt, repariert und erneuert. Aktuell ist er als Instandhaltungsmonteur bei der NetzDienste Rhein-Main beschäftigt. Im sechsköpfigen Team Nahwärmenetz nimmt er Kundenanlagen in Betrieb und führt später deren Wartung und Instandhaltung aus. Zu den Anlagen zählen insbesondere Wärmeübergabestationen. Sie leiten die Wärme von der Mainova zum Kunden weiter. Adnane Kasmi und seine Kollegen sorgen für einen reibungslosen Betrieb der insgesamt 5.000 Anlagen. An unserem 280 Kilometer langen Wärmenetz sind Großkunden wie der Hessische Rundfunk oder das Polizeipräsidium angeschlossen. Im Bereitschaftsdienst betreuen unsere Kollegen die dazugehörigen Übergabestationen. Geht eine Störungsmeldung telefonisch bei der NetzDienste Rhein-Main ein, sind unsere Kollegen schnell vor Ort und beheben die Störung schnellstmöglich, um die Wärmeversorgung sicherzustellen. Mit dem Ausbau unserer umweltschonenden Fernwärme spart Mainova dem Klima 100.000 Tonnen CO_2 jährlich und trägt damit zu den Klimaschutzzielen der Stadt Frankfurt bei.

TURGAY YAGLI

Anlagenelektroniker

Als Anlagenelektroniker für Aufzugtechnik warten und reparieren Turgay Yagli und sechs weitere Kollegen 165 Fahrstühle im gesamten Mainova-Verbund. Er und seine Kollegen haben abwechselnd alle sechs Wochen Rufbereitschaft. In seinen 15 Dienstjahren hat er mehr als 10.000 Aufzüge gewartet und repariert. Immer wieder kommt es vor, dass gerade in den Aufzügen der U-Bahn-Stationen Menschen stecken bleiben, weil sie die Fahrstühle überlasten. Auch hier sind unsere Kollegen im Einsatz und befreien die Personen. Zuverlässig, schnell und vor allem präzise arbeitet Turgay Yagli. Was in seinem Job unabdingbar ist. Seine Tätigkeit ist abwechslungsreich und verantwortungsvoll zugleich.

LÜBBO LÜBBEN

Elektroinstallateur

72.000 Leuchten gibt's im Frankfurter Stadtgebiet. Diese müssen regelmäßig gewartet und instandgehalten werden. Darum kümmert sich unsere Tochtergesellschaft, die StraßenBeleuchtung Rhein-Main. Lübbo Lübben ist einer der insgesamt 18 Elektroinstallateure im Sachgebiet „Betrieb und Instandhaltung". Zusammen mit seinen Kollegen sorgt er täglich für den reibungslosen Betrieb aller Leuchten. Geht irgendwo das Licht aus, kommen die Störungsmeldungen per E-Mail, telefonisch oder online bei der StraßenBeleuchtung Rhein-Main an. Die Meister prüfen diese und verteilen die Reparaturaufträge mithilfe ihrer mobilen Endgeräte. In Zweier-Teams geht's dann mit dem Steiger bis zu 30 Meter in die Höhe. Dafür heißt es: schwindelfrei sein. Lübbo Lübben hat in seinen fast 30 Dienstjahren jede Leuchte mindestens einmal unter die Lupe genommen und unzählige Leuchtmittel ausgetauscht. Bei seiner Tätigkeit geht es vor allem um effizientes, schnelles, sicheres und unfallfreies Arbeiten.

SASCHA JAUFMANN

Netzwerkplaner

Sascha Jaufmann ist seit fast 15 Jahren für die Telefonanlagen und die Netzwerk-Infrastruktur im gesamten Mainova-Verbund zuständig. Flexibel reagiert er auf die täglich anfallenden Arbeiten. Der gelernte IT-Systemelektroniker sichtet, koordiniert und behebt Störungen des Netzwerks und der Telefonanlagen. Und das in kürzester Zeit. Zusätzlich legt er neue Namen und Partnergruppen für unsere Telefone an und richtet diese ein. Darüber hinaus koordiniert Sascha Jaufmann Umzüge von Mitarbeitern und arbeitet in Großprojekten für alle Töchter der Stadtwerke Holding Frankfurt. Wird ein Gebäude saniert oder neu gebaut, verkabelt unser Kollege die Telefonanlagen und das Netzwerk. Das Spannende an seinem Job: Jedes Problem ist anders und er stellt sich immer wieder neu darauf ein. In der 24-Stunden-Rufbereitschaft kann es sogar nachts oder am Wochenende zu Störungen kommen. Das passiert zum Glück selten.

SERGEJ BÄUMLER

Client-Administrator

Smartphones und Notebooks richtet Sergej Bäumler als Client-Administrator bei Mainova ein. Täglich konfiguriert und installiert er die Geräte von über 1.200 Mitarbeitern. Auch bei technischen Fragen hilft der gelernte Systemadministrator weiter. Aber nur technisch ist seine Arbeit auch nicht. Service-orientiert und freundlich stellt er sich auf seine Kollegen ein. Für ihn ist der zwischenmenschliche Kontakt ebenso wichtig, wie sein Fachwissen und die Lösung technischer Probleme. Wenn sich Mitarbeiter von Zuhause aus nicht ins Mainova-Netzwerk einwählen können oder der Kalender im Smartphone nicht synchronisiert, hilft Sergej Bäumler weiter. Bei solchen Problemen zeigt der erfahrene Administrator erst einmal Verständnis. Das ist das A und O in seinem Job. Anschließend steht einer Lösung nichts mehr im Weg. Auch nach über zehn Jahren Dienstzugehörigkeit freut sich Sergej Bäumler immer wieder, wenn er den Kollegen helfen kann und anschließend in zufriedene Gesichter schaut.

VOLKER LINTERMANN

Mitarbeiter Postdienste

Volker Lintermann aus dem Fachbereich Postdienste der Mainova sorgt täglich dafür, dass die Hauspost für knapp 3.000 Mitarbeiter zuverlässig und schnell zugestellt wird. Und das seit fast 30 Jahren. Denn auch im Zeitalter digitaler Medien kommen bei Mainova täglich rund 1.000 Briefe, 30 bis 40 Pakete und sonstige Sendungen an. Diese sortiert er zusammen mit seinen Kollegen der Postdienste und bringt sie zu den Empfängern. Mit dem Postwagen macht sich Volker Lintermann auf seine Tour – innerhalb des Hauptstandorts der Mainova in der Solmsstraße 38-40. Mit seiner aufgeschlossenen und lockeren Art sorgt er für gute Stimmung unter den Kollegen. Da reicht die Zeit dann auch mal für den einen oder anderen „Small-Talk" oder eine private Anekdote. Zum Abschied heißt es dann: „Mach's gut Volker, bis morgen wieder."

& JONES.
INTELLIGENCE

ALEXANDER RÖHRE

Mitarbeiter Postdienste

Alexander Röhre erfasst alle 30 bis 40 Pakete, die täglich am Hauptstandort der Mainova in der Solmsstraße 38-40 eingehen. Zusammen mit seinen fünf Kollegen verteilt er diese an die Empfänger. Zusätzlich bestellt und kündigt er über einen Dienstleister Fachmagazine und -zeitungen für die verschiedenen Unternehmensbereiche und kontrolliert die dazugehörigen Abrechnungen. Darüber hinaus unterstützt er als „Springer" alle Mitarbeiter des Teams bei anfallenden Arbeiten. Vertretungsweise scannt er Rechnungen ein, bearbeitet die eingehende Post und verteilt diese. Seit 2010 ist Alexander Röhre bei den Mainova-Postdiensten tätig und unterstützt die Kollegen tatkräftig.

UWE WALTER

Drucker

Seit fast 30 Jahren kümmert sich Uwe Walter in der hauseigenen Druckerei um Aufträge des gesamten Mainova-Verbunds. Engagiert und hilfsbereit – so kennen ihn viele Kollegen. Der gelernte Drucker bearbeitet schnell und kompetent die eingehenden Druckaufträge: von Flyern über Plakate bis hin zu Broschüren und Postkarten. Zusätzlich bereitet er Massendrucke vor, überwacht Produktionsabläufe und gestaltet unter anderem Visitenkarten und Formulare. Hauptsächlich arbeitet er am PC und mit digitalen Drucksystemen. Was ihm besonders Spaß bereitet: der direkte Kundenkontakt. Als Dienstleister stellt er sich täglich neu auf seine Kollegen ein und bietet professionelle Lösungen an. Seine vielfältige Tätigkeit reicht von der Produktionsplanung bis hin zum Druck. Das macht seinen Job so abwechslungsreich.

HEIDELBERG
mainova
Betrieb und Instandhaltung der Trinkwasserinstallation
Fristen

JÜRGEN DAßBACH

Gärtner

Über 100 Pflanzenarten wachsen auf dem Gelände rund ums Mainova-Verwaltungsgebäude in der Solmsstraße. Zusätzlich gibt's etwa 300 Büropflanzen: von Elefantenfüßen bis hin zu Drachen- und Gummibäumen. Zusammen mit zwei Kollegen pflegt der gelernte Gärtner die 4.300 Quadratmeter große Grünfläche und die Büropflanzen. Dazu gehören auch Gieß- und Düngerarbeiten. Alle zwei Wochen gehen die Kollegen durch die Büroräume, füllen Dünger und Erde auf und beschneiden die Grünpflanzen. Auch bei Schädlingen wie Blattläusen hat unser Gärtner das passende Gegenmittel parat. Fürs Bepflanzen rund um unseren Teich verwendet er ausschließlich regionale Gehölze und Stauden. Zusätzlich kümmert sich Jürgen Daßbach liebevoll und mit einem Auge fürs Detail um die Dekoration bei Veranstaltungen. Wie er die Blumendekorationen gestaltet, hängt von der Jahreszeit und dem Anlass ab. Schon als Kind entdeckte unser Gärtner seine Leidenschaft für Pflanzen – und die ist in seinen 30 Dienstjahren bei Mainova nie verlorengegangen.

AZA ZUKIC

Küchenmitarbeiterin

Für das leibliche Wohl der Kollegen am Standort Solmsstraße sorgt das Küchenteam des Mitarbeiterrestaurants „New Energy". Aza Zukic bereitet dort seit fast 20 Jahren Vor- und Hauptspeisen für unsere Mitarbeiter zu. Auch Fingerfood, Nachspeisen, Smoothies, Marinaden und Dressings gehören in ihr Repertoire. Mit Liebe und Kreativität bereitet die engagierte Küchenmitarbeiterin die vielfältigen Speisen zu und richtet sie für täglich bis zu 600 Gäste an. Ihre Spezialität: Salate und Vorspeisen. Hierbei bringt sie neue Rezeptideen und Geschmacksrichtungen ein. Das Wichtigste für Aza Zukic ist, dass es ihren Gästen schmeckt und sie zufrieden das Mitarbeiterrestaurant verlassen. Das schafft sie nicht nur durch die Qualität ihrer Speisen. Freundlich, hilfsbereit und höflich tritt sie ihren Gästen gegenüber. Und so kennen sie auch ihre Kollegen. Diese Kombination lässt die Besucher des „New Energy" täglich gerne wiederkommen.

REBEKA AHMED

Prozess- und Projektmanagerin

Rebeka Ahmed ist in der Vertriebs- und Handelssteuerung für die IT-Koordination und das Projektmanagement zuständig. Als Prozess- und Projektmanagerin stimmt sie zusammen mit ihren Kollegen für die Fachbereiche des Vertriebsressorts alle IT-relevanten Themen ab. Hier steuert sie beispielsweise das Anforderungsmanagement für IT-Projekte. Dabei arbeitet sie eng mit den Bereichen Handel, Vertrieb und Marketing zusammen. Hilfsbereit und zuverlässig steht sie ihren Kollegen zur Seite. Zusätzlich kümmert sie sich um fachbereichs- und ressortübergreifende Projekte. Hier entwickelt sie etwa bestehende Anwendungen für die Angebotserstellung und Kalkulation von Groß- und Geschäftskunden mit individueller Preisgestaltung weiter. 2009 absolvierte Rebeka Ahmed in unserem Unternehmen ihre Ausbildung zur Kauffrau für Bürokommunikation und vor Kurzem schloss sie zusätzlich ihren Balchelor-Dualstudiengang in „Business Administration" ab.

BETÜL MESCIGIL

Sachbearbeiterin Vertriebsinnendienst

Betül Mescigil erstellt im „Vertrieb Privat- und Gewerbekunden" die Abrechnungen für die Vertriebspartner und die Reports. Darüber hinaus verantwortet sie das Budget des Fachbereiches – von der Planung bis zur kontinuierlichen Prüfung. In ihrer Abteilung führt sie außerdem Bestellanforderungen im SAP für Agenturleistungen aus und steuert Rechnungsfreigaben. Damit ist Betül Mescigil die Schnittstelle zu anderen Fachabteilungen: dem Einkauf, dem Controlling, der Buchhaltung, der IT und den Mainova ServiceDiensten. 2009 absolvierte sie in unserem Unternehmen ihre Ausbildung zur Kauffrau für Bürokommunikation. Kürzlich schloss Betül Mescigil außerdem ihren Bachelor-Dualstudiengang in „Business Administration" zusammen mit ihrer Kollegin und Freundin Rebekka Ahmed erfolgreich ab. Die beiden haben schon dieselbe Schule besucht und teilen eine Leidenschaft: den Umgang mit Zahlen. Betül Mescigil liebt es zu organisieren, planen und zu koordinieren.

mainova
Für jeden Typ den passenden Tarif.

CONSTANTIN H. ALSHEIMER

Vorsitzender des Vorstands

Gemeinsam mit seinen Vorstandskollegen Lothar Herbst und Norbert Breidenbach trifft Dr. Constantin H. Alsheimer als Vorsitzender des Vorstands alle großen Entscheidungen für Mainova: von Investitionen in Erneuerbare Energien über den Erwerb neuer Beteiligungen bis hin zum Ausbau der Fernwärme in Frankfurt. Dabei behält er sowohl die wirtschaftlichen Interessen des Unternehmens als auch das Wohl aller Mainova-Mitarbeiter im Blick. Der promovierte Jurist ist seit 2009 Vorsitzender des Vorstands und seit 2006 Vorstandsmitglied der Mainova. Innerhalb der Mainova verantwortet er unter anderem die Unternehmensstrategie, den Finanzbereich sowie die Kommunikation. Bei Pressekonferenzen steht er anwesenden Journalisten Rede und Antwort. Gleichzeitig vertritt er die Interessen der Mainova als kommunaler Versorger gegenüber der Öffentlichkeit, der Politik und der Wirtschaft. So zum Beispiel bei politischen Veranstaltungen und in Verbänden wie dem Verband Kommunaler Unternehmen e.V. oder dem Landesverband der Energie- und Wasserwirtschaft Hessen/Rheinland-Pfalz e.V. Damit sorgt er für eine positive Entwicklung unseres Unternehmens.

ULRIKE SCHULZ

Pressesprecherin

Wer über die Mainova berichten will, wendet sich an die Konzernkommunikation. Pressesprecherin Ulrike Schulz ist im Umgang mit den Medien geschult. Die gelernte Redakteurin und Kommunikationswirtin war selbst jahrelang journalistisch tätig. Das hilft ihr bei der täglichen Arbeit. Zusammen mit ihren Kollegen bereitet sie Informationen über das Unternehmen verständlich auf und gibt sie weiter. Damit trägt Ulrike Schulz dazu bei, das Unternehmen positiv in der Öffentlichkeit darzustellen. Dabei gilt: Steter Tropfen höhlt den Stein. Um regelmäßigen Anlass zur Berichterstattung zu schaffen, initiiert die Konzernkommunikation Pressetermine. Dazu gehört die Präsentation der Geschäftsergebnisse ebenso wie der erste Spatenstich für ein neues Umspannwerk. Die studierte Germanistin verfasst zu den jeweiligen Terminen in enger Abstimmung mit den Fachbereichen Pressemitteilungen und sendet diese an einen umfangreichen Medienverteiler. Ob die zentralen Mainova-Botschaften schließlich bei der Zielgruppe ankommen, analysiert die abschließende Medienauswertung. Sie zeigt, dass professionelle Kommunikation mehr ist als Schall und Rauch.

mainova
Ulrike Schulz
mainova

ISABELLA GAGLIANO-PFLANZ

Kundenberaterin

Mit Leidenschaft und großem Engagement berät Isabella Gagliano-Pflanz unsere Kunden im ServiceCenter in der Stiftstraße 30. Jedes Jahr gehen dort über 55.000 Besucher ein und aus. Sie bevorzugen das persönliche Gespräch. Die gelernte Bürokauffrau führt täglich rund 30 Kundengespräche. Und sie stellt sich immer wieder individuell auf unsere Kunden und ihre unterschiedlichen Anliegen ein. Unser Kundenservice für Privat- und Gewerbekunden zeichnet sich durch eine freundliche, kompetente und vertrauensvolle Beratung aus. Diesen Vorsatz leben unsere Service-Mitarbeiter. So wie Isabella Gagliano-Pflanz. Sie berät zu unseren Tarifen und Rechnungen und erklärt, wie unsere Kunden sich an- und abmelden oder Abschläge ändern. Aber unsere Kunden suchen nicht nur das persönliche Gespräch. Mehr als 100.000 (Stand: 2014) nutzen außerdem unsere Kassenautomaten, um Rechnungen bar zu zahlen. Ein Rund-um-Service, der uns von anderen Energieversorgern unterscheidet.

FRANK RICHTER

Schreiner

Schleifen, fräsen, zuschneiden: In der hauseigenen Schreinerei in der Gutleutstraße 280 geht's um Maßarbeit. Seit 25 Jahren fertigt unser Schreiner Frank Richter Anbaumöbel für Büros, ist für die Brandschutztürwartung zuständig und führt verschiedene Reparaturen durch. Was ihn antreibt: die Veränderungen am Werkstück und anschließend die glücklichen Gesichter unserer Mitarbeiter. Er liebt es, mit Holz zu arbeiten, dadurch etwas Neues zu schaffen und vielfältig einzusetzen. Jeden Tag werkelt er an unterschiedlichen Stücken. Das macht seine Arbeit so abwechslungsreich. Zusätzlich ist Frank Richter beim jährlichen Girl's Day der Mainova involviert. Dabei zeigt er den Schülerinnen, wie sie aus Holz Schmuckkästchen herstellen. Als Sicherheitsbeauftragter und Leiter des Sicherheitskreises ist er für seine Kollegen außerdem erster Ansprechpartner rund ums Thema Arbeitssicherheit.

Sie brauchen kein großer Mann zu sein, daß Sie Mann sind, ist schon Leistung genug!
Sicherheitsbeauftragte im Betrieb
Und man sieht nur die im Lichte
SK 1 08
Mainova

SÖREN SCHÄDDEL

Metallbaumeister

Bei Sören Schäddel in der Mainova-Schlosserei fliegen die Funken: Schweiß- und Metallbauarbeiten gehören zu seinem Arbeitsalltag. Er stellt verschiedene Metallkonstruktionen her und montiert diese. Dazu zählen unter anderem Tore, Geländer und Treppen für den gesamten Mainova-Verbund. Zusätzlich stellt der gelernte Industriemechaniker Einzelstücke für die Mainova-Kraftwerke, Umspannanlagen und -werke der NetzDienste Rhein-Main her. Steht eine Revision im Heizkraftwerk West an, überprüft und repariert er die hydraulischen Anlagen. Darüber hinaus betreut er die Auszubildenden und Praktikanten in seinem Fachbereich. Sören Schäddel bearbeitet präzise und sorgfältig die verschiedenen Metallteile. Die Anforderungen sind völlig unterschiedlich und jedes Projekt ist individuell. Das macht seinen Beruf so vielfältig. Und nach getaner Arbeit hält er immer ein fertiges und funktionsfähiges Produkt in der Hand.

MARC VOGT

Feinwerkmechaniker

Marc Vogt baut in der Werkstatt des Heizkraftwerks West beispielsweise Verschleißteile für Turbinen nach. Hauptsächlich arbeitet er an der Drehbank und der Fräsmaschine. Bei seiner Tätigkeit sind Genauigkeit und Sorgfalt gefragt: Werkzeuge, Ersatz- und Geräteteile für unsere Kraftwerksanlagen fertigt er passgenau an. Zusätzlich repariert und überprüft er die Anlagen wie Kessel oder Turbinen im HKW West. Die Arbeit an den verschiedenen Metallteilen macht ihm Spaß. Das hat er bereits während seiner Ausbildung 2010 zum Industriemechaniker gemerkt. Nun hat der junge Mann seinen Meister als Feinwerkmechaniker in der Tasche. Mit seinen Kollegen der Kraftwerkinstandhaltung trägt er zu einem reibungslosen Betrieb aller Anlagen und damit zu einer sicheren Energieversorgung in Frankfurt bei.

Anl. Gr.10

ATHERMAL®

PETER BECKER

Mechatroniker

Peter Becker arbeitet seit über 30 Jahren in der Mainova-eigenen Kfz-Werkstatt. Der gelernte Kfz-Mechaniker prüft und repariert zusammen mit sechs weiteren Kollegen rund 600 Dienstfahrzeuge. Mehr als ein Viertel davon ist mit alternativen Antrieben ausgestattet. Ob PKWs, Transporter oder LKWs, Elektro- oder Erdgasfahrzeuge – Peter Becker nimmt sie alle unter die Lupe. Täglich arbeitet er an bis zu drei Fahrzeugen. Er tauscht Verschleißteile wie Bremsen oder Kupplungen aus, behebt Blechschäden, wechselt Reifen und führt Inspektionen und Reparaturen an Erdgasfahrzeugen durch. Die Kollegen der Kfz-Werkstatt stellen außerdem sicher, dass gesetzlich vorgeschriebene Prüfungen wie TÜV, AU (Abgasuntersuchung) und GAP (Gasanlagenprüfung) eingehalten werden. Fast 14 Mitarbeiter sind im Mainova-Fuhrpark angestellt. Gemeinsam sorgen sie dafür, dass unsere Dienstwagen auf Frankfurts Straßen sicher und zuverlässig unterwegs sind.

THORSTEN RAUCH

Energieelektroniker

Als Energieelektroniker ist Thorsten Rauch mit weiteren acht Kollegen für rund 5.000 Heizungs-, Lüftungs-, Klima- und Kälteanlagen innerhalb des Mainova-Verbunds im Einsatz. Jedes Jahr müssen alle Anlagen mindestens einmal überprüft werden. Eine besondere Herausforderung für Thorsten Rauch und seine Kollegen ist es, bei extremer Witterung zu arbeiten. Bei über 40 Grad kann es schon einmal vorkommen, dass Transformatoren überhitzen und eine Anlage plötzlich ausfällt. Dann springen Notstrom-Dieselaggregate an und übernehmen die Stromversorgung. In solchen Fällen heißt es: schnell zum Einsatzort, die Ursache finden und die Störung beheben. Anschließend kümmert sich Thorsten Rauch darum, dass die Anlage möglichst schnell wieder in Betrieb geht. Zusätzlich sorgt er dafür, dass unsere 50 Elektrotankstellen und vier Erdgastankstellen in Frankfurt einwandfrei funktionieren. Vielfältig ist seine Tätigkeit vor allem, weil jede Anlage anders ist und er nie weiß, was auf ihn zukommt.

mainova

MARTIN STRAUß

Fachprüfer Qualitätssicherung

Martin Strauß trägt mit seiner Arbeit zur hohen Netzqualität der Stadt Frankfurt bei. Bei den Netz-Diensten Rhein-Main arbeitet Martin Strauß in der Abteilung Qualitätssicherung. An unserem Standort in der Franziusstraße nimmt er die eingehenden Bauteile bei Wareneingang im Lager für unser Rohrnetz an und prüft die Bauteile stichprobenartig auf Herz und Nieren. Gutes Material ist ein Garant für gute Netze. Gemeinsam mit seinen Kollegen legt er deshalb Materialspezifikationen für Hersteller und Lieferanten fest und erstellt Schadensfallanalysen für unser Unternehmen. Ein weiterer Schwerpunkt der Arbeit unseres 52-jährigen Kollegen: die praktische Ausbildung und Prüfung unserer Mitarbeiter im Polyethylen-Schweißen sowie die Prüfung von Fremdschweißern. Eine wichtige Aufgabe. Schweißarbeiten an den Kunststoffrohren müssen exakt ausgeführt sein, um die Stadt sicher und verlässlich zu versorgen. Schließlich müssen die verschweißten Rohre später über Jahrzehnte ihren Dienst unter der Erde verrichten.

NORBERT SCHUSSER

Präventionsexperte

Norbert Schusser ist der „Fitness-Coach“ bei Mainova. Der Präventionsexperte ist seit 1991 im Unternehmen und leitet seit zehn Jahren das betriebseigene Fitnessstudio PräFit. Auf 185 Quadratmetern stehen unseren Mitarbeitern in der Solmsstraße 40 über 20 Fitnessgeräte zur Verfügung. Unter Anleitung von Norbert Schusser beugen unsere Kollegen beispielsweise Rückenproblemen vor und steuern an den Geräten jedes beliebige Trainingsziel an. Der Fachmann steht ihnen dabei mit Rat und Tat zur Seite. Viele Kollegen, wie hier Christin-Marie Bittner, nutzen das tägliche Angebot im PräFit. Dabei kommt wie von selbst ein Gemeinschaftsgefühl auf. Die Kollegen tauschen sich während des Trainings aus und motivieren sich gegenseitig. Der 56-Jährige liebt seinen Job. Gemeinsam mit den Mitarbeitern erstellt er Trainingspläne, unterstützt bei den Übungen oder berät zum Thema Ernährung. Ganz besonders freut sich der Präventionsexperte über gemeinsame Erfolge.

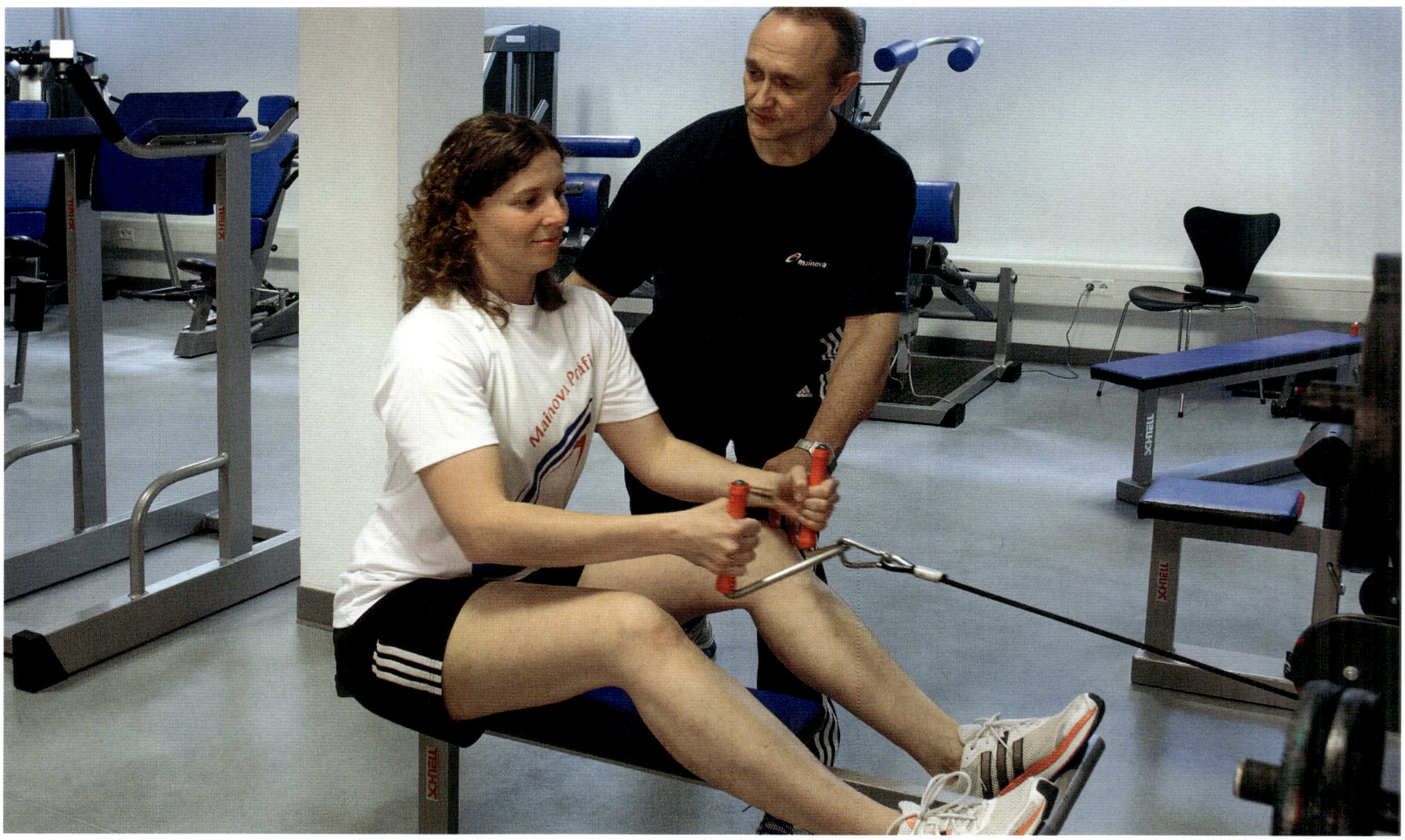

jí kuài 极快
mainova

BETRIEBSSPORT-GRUPPE

Drachenboot

Um Teamgeist und Spaß geht's bei den Mainova-Drachenbootfahrern. Synchron paddelt die Crew im Takt der Trommlerin, die an der Spitze des 12 Meter langen Bootes sitzt. Erstmals gingen unsere Kollegen 2004 beim Firmencup des Frankfurter Drachenbootfestivals an den Start. 2006 traten sie mit dem offiziellen Namen „Blue Energy" an und gründeten 2007 die Betriebssportgruppe „Drachenboot". Seitdem startete das Team bei über 180 Rennen – auch außerhalb Frankfurts – und kann auf zahlreiche Erfolge zurückblicken. Drachenbootfahren ist derzeit unter unseren sportbegeisterten Kollegen besonders angesagt: Seit diesem Jahr freut sich das Team über einen Anstieg der Mitgliederzahl auf insgesamt 30 Paddler

Olga Fabrizius, Peter Händel, Andres Ebner, Franz Michel, Jürgen Schmitt, Marie-Christin Bittner, Mike Schöffel, Jürgen Riedel, Andy Trümpert, Thomas Schott, Rainer Fiebrich, Romy Preißel, Silke Becker, Birgit Bauer-Böhm, Kerstim Macziek, Tobias Stolze, Olaf Wagner, Oliver Wetzstein